Luis de Horna

Das Lied von Schwester Sonne

Der »Sonnengesang« des Franz von Assisi für Kinder eingeleitet, übertragen und illustriert von Luis de Horna

Das Lied von Schwester Sonne

St. Benno-Verlag GmbH Leipzig

Kirchliche Druckerlaubnis: Dresden, den 21. 9. 1988, Georg Hanke, Generalvikar

Titel der spanischen Originalausgabe: El canto del hermano sol
Ins Deutsche übersetzt von Anna Melach

Lizenzausgabe mit freundlicher Genehmigung des Verlages Herder & Co., Wien
Nur zum Vertrieb und Versand in der Deutschen Demokratischen Republik und in den sozialistischen Ländern bestimmt

ISBN 3-7462-0459-3

1. Auflage 1990
Lizenznummer 480/143/90
LSV 6213
Printed in the German Democratic Republic
Lithographie: Vázquez de Menchoca, Valladolid, Spanien
Lichtsatz: INTERDRUCK Graphischer Großbetrieb Leipzig III/18/97
Druck: Graphischer Betrieb Jütte, Leipzig
Buchbinderische Weiterverarbeitung: Buchbinderei Südwest, Leipzig

DAS LIED VON SCHWESTER SONNE

Wißt ihr, wer Franz von Assisi war? Er war ein großer schlanker Mann. Sein Blick war ruhig und froh. Alle Geschöpfe dieser Erde nannte er seine Brüder und Schwestern. Er sagte »Schwester Sonne«, »Bruder Wolf«, »Bruder Baum«, »Schwester Spinne« ... Franz war der Sohn eines reichen Kaufmanns aus Assisi in Italien.

Eines Tages sagte er zu seinem Vater: »Ich will nicht mehr mit dir zusammen Brokat und Seide verkaufen und viel Geld verdienen, wenn es so viele arme Menschen gibt. Ich will auch nicht dein Geschäft und das viele Geld erben. Ich hab dich sehr gern, Vater, aber ich kann nicht mehr so leben wie du. Jesus hat mich gerufen. Ich muß ihm folgen und ein einfaches Leben führen. Ich muß so leben wie er.«

Das war ein Wirbel in Assisi! Die Leute hielten ihn für verrückt. Keiner konnte ihn verstehen. Einige Söhne und Töchter reicher Eltern aber folgten ihm. Gemeinsam bauten sie vor den Toren der Stadt die Ruinen eines kleinen Kirchleins wieder auf und lebten dort. Sie nährten sich von dem, was ihnen mitleidige Menschen gaben, und von ihrer Hände Arbeit und wollten nur das haben, was sie unbedingt zum Leben brauchten. Überall, wohin sie kamen, und jedem, mit dem sie sprachen, erzählten sie von Jesus.

So lebten sie viele Jahre. Es war ein hartes, aber glückliches Leben. Franz von Assisi wurde berühmt. Die Leute nannten ihn den heiligen Franziskus.

Wenn wir an Heilige denken, glauben wir oft, ihr Leben verliefe ruhig und problemlos. Es sieht so aus, als würde ein Heiliger tagein tagaus nur glücklich und zufrieden Wunder wirken und gute Werke tun. In Wirklichkeit aber haben gerade die Heiligen mit unglaublichen Schwierigkeiten zu kämpfen – und manch einer wurde sogar umgebracht. Immer wieder zweifeln sie, ob sie auch das Richtige tun und ob Gott wirklich auf ihrer Seite steht.

Auch Franz von Assisi ging es eines Tages sehr schlecht. Er war traurig und mutlos und wußte nicht, warum. Es hatte schon viele schwierige Zeiten gegeben, in denen er und seine Brüder nicht genug zu essen hatten oder krank gewesen waren. Aber damals war er viel zuversichtlicher gewesen als jetzt. Franz konnte seine kleine Kammer nicht mehr verlassen, weil das Sonnenlicht seinen Augen unerträglich weh tat. Nachts konnte er nicht einmal in das kleinste Feuer schauen, das seine Brüder anzündeten, um sich zu wärmen und Licht zu haben. Er war beinahe blind. Außerdem teilte er seine Kammer mit vielen Mäusen, die immer wieder auf ihm herumkletterten und ihn aufweckten, wenn die Schmerzen einmal nachließen und er einschlief. Sie aßen sein Brot weg und nagten an seinen Zehen. Einmal mußte er eine Maus an ihrem Schwanz aus seiner Suppe fischen. Franz fiel es schwer, auch die Mäuse als seine Brüder und Schwestern zu sehen.

Schließlich wandte er sich in seiner Not an Gott und betete: »Hilf mir, ich kann nicht mehr! Gib mir Kraft, daß ich all dies in Geduld ertrage. Ich kann nicht mehr essen und nicht mehr schlafen, ich habe große Schmerzen und bin mutlos und verzweifelt. Warum läßt du das zu? Hast du mich ganz vergessen?«

Klar und deutlich hörte er in seinem Herzen die Antwort: »Lieber Franz, sei nicht verzweifelt! Vertraue auf die Kraft und Liebe deiner Brüder. Du bist nicht allein. Schau die Erde an, wie wunderbar ich sie erschaffen habe! Du sollst nicht traurig sein! Du sollst tanzen vor Freude, weil sie so schön ist. Deine Brüder und Schwestern brauchen dich: die Menschen, die Tiere und Steine und all die anderen Geschöpfe dieser Erde. Sie alle werden sich immer an dich erinnern, wie du gelebt hast und daß du ihr Bruder warst.«

Überrascht lauschte Franz auf diese Stimme, und er spürte darüber seine Schmerzen nicht mehr. Er rief seine Brüder und erzählte ihnen, was ihm geschehen war. Er war so glücklich, daß er zu dichten und zu singen begann. Die Worte sprudelten nur so aus ihm heraus, und einer der Brüder schrieb sie auf. Die anderen sangen die Melodie mit und klatschten den Takt dazu.

So entstand jenes Lied, das später als »Sonnengesang« bekannt wurde:

»Großer Vater, der du alles kannst,
nur dich wollen wir loben, wir wollen vor dir singen
und dir Beifall klatschen. Nur von dir kann man sagen,
daß du herrlich bist und wunderbar.
Du bist gut, so gut –
und wir Menschen sind klein, so klein.
Wenn du es nicht wolltest, könnten wir
nicht einmal deinen Namen nennen.

Gepriesen seist du, Herr, für alle Geschöpfe,
die du gemacht hast,
vor allem für Schwester Sonne,
denn ohne sie kann der Tag nicht erwachen,
ohne sie hätten wir nur Dunkelheit.
Sie ist so schön, so herrlich, so strahlend!
An ihr sehen wir ein klein wenig das Leuchten deines Glanzes.

Gepriesen seist du, Herr, für unseren Bruder Mond,
sein Licht ist weiß und weich,
und für die Sterne, die am Himmel kreisen
wie ein Schwarm Glühwürmchen.

Gepriesen seist du, Herr, für unseren Bruder Wind,
für die gute, saubere Luft, die du uns zum Atmen gegeben hast,
für die Wolken, die uns Schatten spenden,
und für den heiteren blauen Himmel,
für die Kälte und für die Hitze,
für alle Witterungen, die wir zum Leben brauchen.

Gepriesen seist du, Herr, für Schwester Quelle,
die klar und frisch aus der Tiefe sprudelt,
rein und kostbar löscht sie den Durst
der Menschen, der Tiere und der Pflanzen.
Sie füllt die Flüsse und trägt sogar schwere Schiffe.

Gepriesen seist du, Herr, für Bruder Feuer,
das die Nacht hell macht,
es ist stark und warm und herrlich lebendig.

Gepriesen seist du, Herr, für unsere Mutter Erde, sie ist es, die uns Nahrung gibt, aus ihr wachsen alle Früchte, die Bäume, die Blumen und das Gras.

Gepriesen seist du, Herr, für die Menschen, die aus Liebe zu dir ihren Feinden verzeihen.
Gepriesen seist du, Herr, auch für die Menschen, die krank oder in Bedrängnis sind, aber in Frieden und Geduld ausharren und nicht verzweifeln.

Gepriesen seist du, Herr, für unseren Bruder Tod, der uns alle eines Tages mit sich nimmt. Arm sind diejenigen, die sich fürchten, an ihn zu denken.

Wehe denen, die deinen Geschöpfen Böses antun und in Sünden sterben. Selig sind, die sich bemühen, dich und deine Geschöpfe zu lieben, zu achten und nicht zu verletzen.

Was für ein Glück haben die, die wissen, daß du im Herzen jedes Menschen wohnst und daß nach dem Tod das wirklich gute Leben beginnt, in vollem Licht und in herrlichen Farben, immer mit dir verbunden.

Gelobt und gepriesen sei mein Herr allezeit.
Wir danken dir für alles, was du uns jeden Tag schenkst, und schenken dir freudig unser Herz.«

Immer wieder sang der heilige Franz dieses Lied, und seine Freunde sangen es, wo immer sie hinkamen, und sie verbreiteten den Sonnengesang des Heiligen von Assisi in alle Welt.

Jetzt gehört auch ihr zu denen, die dieses Lied singen können.

Einige Bemerkungen zum Sonnengesang und seine ursprungsnächste Übersetzung

Diese Bemerkungen richten sich an die Erwachsenen, die mit den Kindern über den Sonnengesang des heiligen Franz reden wollen.

Der Sonnengesang ist einer der wenigen Texte des Heiligen in altitalienischer Volkssprache.

Bei aller Bedeutung, die der Sonnengesang für das Naturgefühl des Heiligen hat, darf man nie übersehen, daß er ein Gebet ist. Es ist der Lobgesang der drei Jünglinge im Feuerofen, übertragen in die Sprache und in das Lebensgefühl des heiligen Franziskus (1182–1226).

Thomas von Celano, der erste Biograph des Heiligen, berichtet aus jenen Tagen, als Franziskus im Herbst 1225 in schwerer Krankheit bei San Damiano darniederlag und ihm der Herr das ewige Leben versprochen hatte: »Damals dichtete er das Loblied auf die Geschöpfe und feuerte sie an, nach Kräften den Schöpfer zu loben.« Später bezeugt Celano, Franziskus habe diesen Sonnengesang in seiner Todesstunde singen lassen.

Entstehungszeit: 1225/1226

Erhabenster, allmächtiger, guter Herr,
dein sind der Lobpreis, die Herrlichkeit
und die Ehre und jegliche Benedeiung.
Dir allein, Erhabenster, gebühren sie,
und kein Mensch ist würdig, dich zu nennen.
Gepriesen seist du, mein Herr,
mit allen deinen Geschöpfen,
zumal der Herrin, Schwester Sonne,
denn sie ist der Tag
und spendet das Licht uns durch sich.
Und sie ist schön und strahlend in großem Glanz.
Dein Sinnbild trägt sie, Erhabenster.
Gepriesen seist du, mein Herr,
durch Bruder Mond und die Sterne,
am Himmel hast du sie gebildet,
hell leuchtend und kostbar und schön.
Gepriesen seist du, mein Herr,
durch Bruder Wind und durch Luft und Wolken
und heiteren Himmel und jegliches Wetter,
durch welches du deinen Geschöpfen den Unterhalt gibst.
Gepriesen seist du, mein Herr,
durch Schwester Wasser,
gar nützlich ist es
und demütig und kostbar und keusch.

Gepriesen seist du, mein Herr,
durch Bruder Feuer,
durch das du die Nacht erleuchtest;
und es ist schön und liebenswürdig
und kraftvoll und stark.
Gepriesen seist du, mein Herr,
durch unsere Schwester, Mutter Erde,
die uns ernährt und lenkt
und mannigfaltige Frucht hervorbringt
und bunte Blumen und Kräuter.
Gepriesen seist du, mein Herr,
durch jene, die verzeihen um deiner Liebe willen
und Schwachheit ertragen und Drangsal.
Selig jene, die solches ertragen in Frieden,
denn von dir, Erhabenster, werden sie gekrönt.
Gepriesen seist du, mein Herr,
durch unseren Bruder, den leiblichen Tod;
ihm kann kein Mensch lebend entrinnen.
Wehe jenen, die in schwerer Sünde sterben.
Selig jene, die sich in deinem allheiligen Willen finden,
denn der zweite Tod wird ihnen kein Leides tun.
Lobet und preiset meinen Herrn
und erweiset ihm Dank
und dient ihm mit großer Demut.